TODOS OS DESENHOS ASSINALADOS COM UM G TÊM DEFINIÇÃO NO GLOSSÁRIO, NO FIM DO LIVRO.

Copyright da edição brasileira © 2020 Carochinha
Edição original © 2018 Orfeu Negro
Textos e ilustrações © 2018 Catarina Sobral
Direção de arte da edição original © 2018 Rui Silva

Publicado originalmente em Portugal por Orfeu Negro.

Todos os direitos reservados. Nenhuma parte desta obra pode ser reproduzida, arquivada ou transmitida, de nenhuma forma ou por nenhum meio, sem a permissão expressa e por escrito da Carochinha.

Impresso no Brasil

EDITORES Diego Rodrigues e Naiara Raggiotti

PRODUÇÃO
EDITORIAL Karina Mota
ARTE Bruna Parra e Elaine Alves
REVISÃO Naiá Diniz e Silvana Salerno
MARKETING E VENDAS
PLANEJAMENTO Fernando Mello
ATENDIMENTO COMERCIAL E PEDAGÓGICO Eric Côco, Nara Raggiotti e Talita Lima

ADMINISTRATIVO
JURÍDICO Maria Laura Uliana
FINANCEIRO Amanda Gonçalves
RECEPÇÃO E ALMOXARIFADO Cristiane Tenca
RECURSOS HUMANOS Rose Maliani
EQUIPE DE APOIO
SUPORTE PEDAGÓGICO Cristiane Boneto, Nilce Carbone e Tamiris Carbone

ADAPTAÇÃO PARA O PORTUGUÊS BRASILEIRO Diego Rodrigues

Dados Internacionais de Catalogação na Publicação (CIP) de acordo com ISBD

S677i   Sobral, Catarina
           Impossível / Catarina Sobral. – São Paulo, SP : Carochinha, 2020.
           40 p. : il. ; 20,5cm x 27,5cm.

           ISBN: 978-85-9554-106-1

           1. Literatura infantil. I. Título.

2020-390   CDD 028.5
                            CDU 82-93

Elaborado por Vagner Rodolfo da Silva – CRB-8/9410

Índice para catálogo sistemático:
1. Literatura infantil 028.5
2. Literatura infantil 82-93

1ª edição, 2020
1ª reimpressão, 2021

rua mirassol 189 vila clementino
04044-010 são paulo sp
11 3476 6616 • 11 3476 6636
www.carochinhaeditora.com.br

Siga a Carochinha nas redes sociais:
🅕 🅘 🅨 /carochinhaeditora

CULTURA
DIREÇÃO-GERAL DO LIVRO, DOS ARQUIVOS E DAS BIBLIOTECAS

Obra apoiada pela Direção-
-Geral do Livro, dos Arquivos
e das Bibliotecas/Portugal.

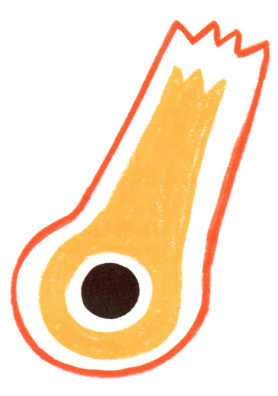

impossível

impossível
CATARINA SOBRAL

carochinha

ANTES DE NÓS EXISTIRMOS,
HÁ QUASE CATORZE BILHÕES

14000000000

DE ANOS, O UNIVERSO
ESTAVA CONTIDO NUM
MINÚSCULO PONTO
FINAL. ←(como este)

NÃO SABEMOS COMO APARECEU, MAS SABEMOS QUE O UNIVERSO TEVE ORIGEM NUM ESPAÇO MUITO PEQUENO. MENOR QUE UM GRÃO DE AREIA OU QUE A PONTA DO LÁPIS MAIS BEM APONTADO DO MUNDO. PARECE IMPOSSÍVEL, MAS É VERDADE: TUDO COMEÇOU QUANDO AS COISAS GRANDES ERAM PEQUENAS.

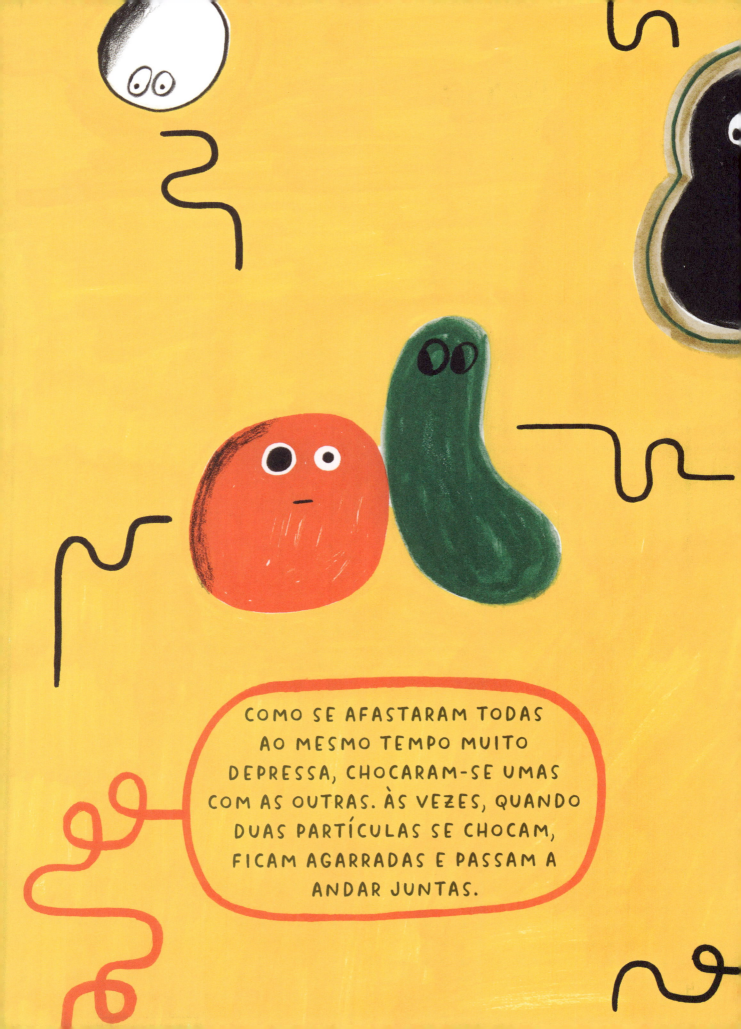

COMO SE AFASTARAM TODAS AO MESMO TEMPO MUITO DEPRESSA, CHOCARAM-SE UMAS COM AS OUTRAS. ÀS VEZES, QUANDO DUAS PARTÍCULAS SE CHOCAM, FICAM AGARRADAS E PASSAM A ANDAR JUNTAS.

NESSE MILIONÉSIMO DE SEGUNDO, O UNIVERSO CRESCEU **TANTO**, QUE SE ANTES NÃO O CONSEGUÍAMOS VER PORQUE ERA MUITO PEQUENO, AGORA NÃO O CONSEGUIMOS VER PORQUE É GIGANTE! AGORA É MAIOR DO QUE ESTA PÁGINA, DO QUE UM CROCODILO, OU ATÉ DO QUE O NOSSO MUNDO — O PLANETA TERRA.

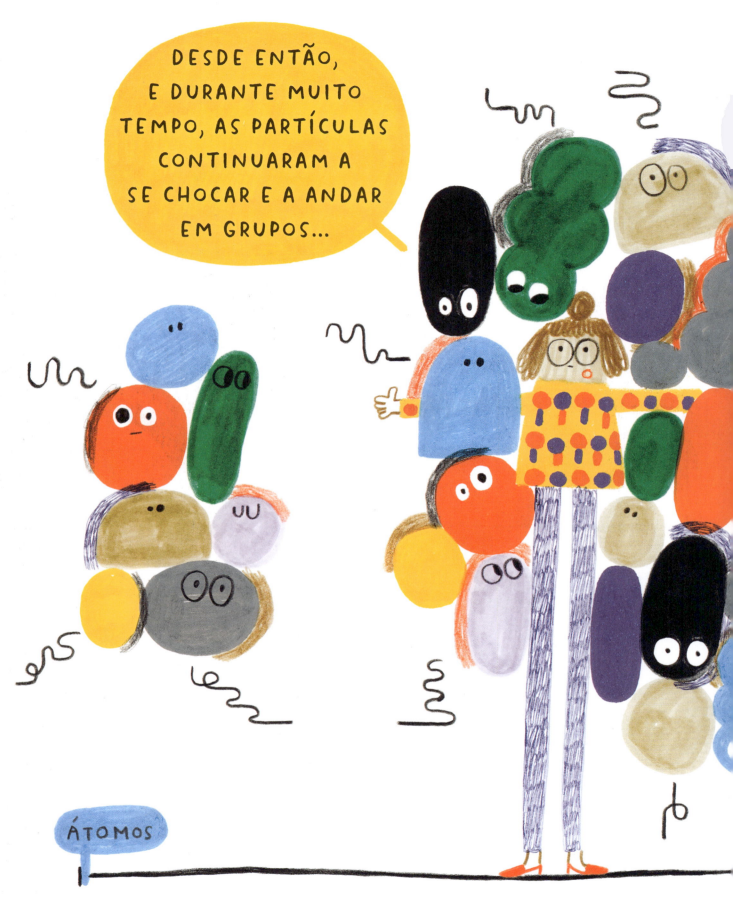

QUANDO UM GRUPO DE PARTÍCULAS SE TRANSFORMA NUMA ESTRELA, DEIXA UM RASTRO DE OUTRAS PARTÍCULAS À SUA VOLTA.

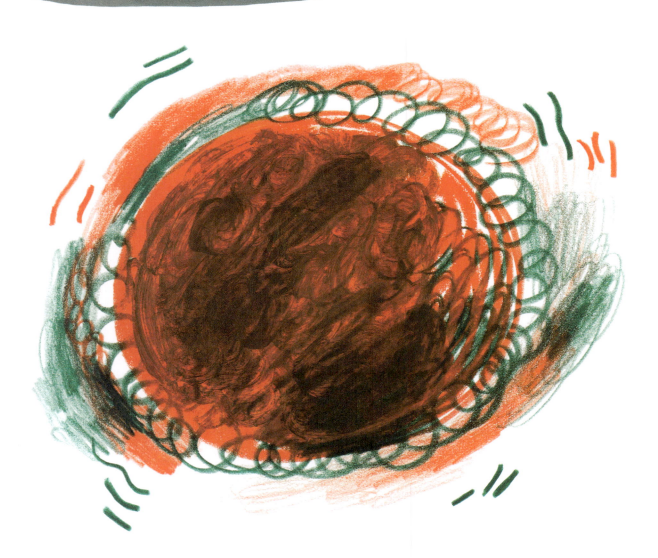

O mundo, o nosso planeta, nasceu do Sol!

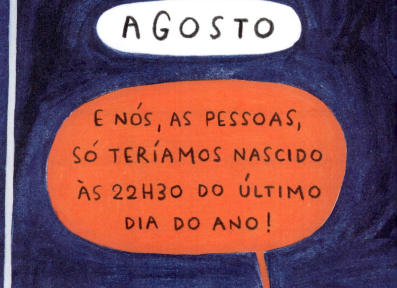

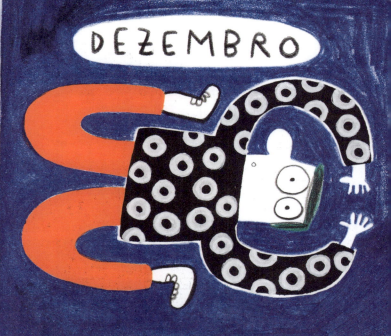

urso-d'água

TAMBÉM CONHECIDO COMO TARDÍGRADO, É UM MICROANIMAL E UM DOS MAIS RESISTENTES DO MUNDO… E FORA DO MUNDO! BEM CRESCIDO, MEDE CERCA DE MEIO MILÍMETRO, MAS É CAPAZ DE SOBREVIVER NO VÁCUO, E SUPÕE-SE QUE CONSIGA SOBREVIVER A VIAGENS INTERESTELARES!

árvore genealógica

NÃO SE PLANTA NEM DÁ SOMBRA, É APENAS UM DESENHO MUITO SIMPLES DE UMA ÁRVORE. E É TAMBÉM UMA LINHA DO TEMPO. SERVE PARA EXPLICAR AS RAMIFICAÇÕES DE UMA FAMÍLIA, OU SEJA, QUEM SÃO OS PAIS, AVÓS, BISAVÓS, TATARAVÓS, PAIS DOS TATARAVÓS, AVÓS DOS TATARA… DE UMA PESSOA — O TRONCO DA ÁRVORE. CADA FAMILIAR OCUPA UM RAMO DIFERENTE, POR ISSO O DESENHO DA FAMÍLIA LEMBRA O DE UMA ÁRVORE… NO INVERNO.

lápis

UM TUBINHO, GERALMENTE DE GRAFITE, QUE SERVE PARA ESCREVER E DESENHAR. GRAFITE É UM MINERAL FEITO DAS MESMAS PARTÍCULAS QUE O DIAMANTE. EXATAMENTE AS MESMAS! MAS, SÓ PORQUE ESTÃO ORGANIZADAS DE MANEIRA DIFERENTE, A GRAFITE É ESCURA E MOLE E O DIAMANTE É TRANSPARENTE E O MATERIAL MAIS DURO DO MUNDO!

telescópio óptico

É UMA ESPÉCIE DE MÁQUINA DO TEMPO, UNS ÓCULOS (UM ÓCULO, NA VERDADE) PARA VER O PASSADO E O QUE ESTÁ LONGE. COMO O QUE NÓS VEMOS É LUZ E A LUZ DEMORA ALGUM TEMPO A CHEGAR AOS NOSSOS OLHOS, QUANTO MAIS LONGE ESTÃO OS OBJETOS, MAIS ANTIGA É A IMAGEM QUE VEMOS DELES. POR ISSO OS FÍSICOS NUNCA FALAM DO ESPAÇO E DO TEMPO COMO DUAS COISAS DISTINTAS, MAS SEMPRE DO CONTÍNUO ESPAÇOTEMPORAL!

anã marrom

NÃO É BEM UMA ESTRELA NEM UM PLANETA. É UM CORPO CELESTE MUITO PESADO PARA SER PLANETA, MAS MUITO LEVE PARA SER ESTRELA. A PROVA DE QUE NEM NO ESPAÇO TUDO É PRETO NO BRANCO.

galáxia

É UM CARROSSEL DE ESTRELAS E OUTROS CORPOS CELESTES. OS FIOS QUE AGARRAM AS ESTRELAS E AS FAZEM GIRAR (MUUUUUITO DEVAGAR) SÃO INVISÍVEIS E SE CHAMAM "GRAVIDADE". A GRAVIDADE É A MESMA FORÇA QUE EXISTE NA TERRA E NOS PUXA PARA BAIXO CADA VEZ QUE SALTAMOS, OU A QUE FAZ CAIR MAÇÃS DAS ÁRVORES, OU GOTAS DE CHUVA...

supercontinente

A AMÉRICA, A ANTÁRTIDA, A AUSTRÁLIA E A EURAFRÁSIA (REUNIÃO DE 3 CONTINENTES: A EUROPA, A ÁFRICA E A ÁSIA) SÃO OS ATUAIS CONTINENTES FÍSICOS DO PLANETA TERRA (COMO SE FOSSEM ILHAS GIGANTES), MAS O NOSSO MUNDO JÁ TEVE VÁRIOS OUTROS CONTINENTES. ESSAS ILHAS, OU MASSAS DE TERRA, VÃO SE MOVENDO (MUITO DEVAGAR!) COM O PASSAR DO TEMPO. JÁ ESTIVERAM TODAS JUNTAS EM DIFERENTES FORMATOS E PERÍODOS DO TEMPO, E NESSES MOMENTOS A TERRA TINHA APENAS UM OCEANO E UM CONTINENTE, OU MELHOR, UM SUPERCONTINENTE!

A AUTORA E ILUSTRADORA

CATARINA SOBRAL NASCEU EM COIMBRA, PORTUGAL, EM 1985. DEPOIS DE ESTUDAR DESIGN GRÁFICO, FEZ LICENCIATURA EM ILUSTRAÇÃO E PASSOU A PUBLICAR LIVROS ILUSTRADOS E A TRABALHAR COMO ILUSTRADORA FREELANCER.

HOJE, ELA MORA E TRABALHA EM LISBOA. JÁ ILUSTROU TREZE LIVROS E ESCREVEU DEZ DELES, TAMBÉM DIRIGIU UM CURTA DE ANIMAÇÃO CHAMADO *RAZÃO ENTRE DOIS VOLUMES* E, MAIS RECENTEMENTE, ESCREVEU E DIRIGIU A PEÇA INFANTIL *IMPOSSÍVEL*, DE ONDE TIROU A INSPIRAÇÃO PARA ESCREVER E ILUSTRAR ESTE LIVRO.

CATARINA TAMBÉM PARTICIPA DE DIVERSOS FESTIVAIS, EXPOSIÇÕES E FEIRAS DO LIVRO AO REDOR DO MUNDO. EM 2012, COM *GREVE*, SEU LIVRO DE ESTREIA, RECEBEU A MENÇÃO ESPECIAL DO PRÊMIO NACIONAL DE ILUSTRAÇÃO; JÁ EM 2014, RECEBEU O PRÊMIO INTERNACIONAL DE ILUSTRAÇÃO DA FEIRA DE BOLONHA POR SEU LIVRO *O MEU AVÔ*. PELA CAROCHINHA, ELA TAMBÉM PUBLICOU *TÃO TÃO GRANDE*, UMA HISTÓRIA SOBRE O CRESCIMENTO, QUE RECEBEU MENÇÃO ESPECIAL NO PRÊMIO NACIONAL DE ILUSTRAÇÃO DE PORTUGAL.

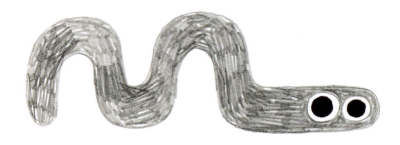

Em janeiro de 2021, quando este livro ficou pronto, a turma do Reino da Carochinha inaugurou um centro de observação do Universo.
Você já observou o Universo hoje?